Los desiertos

por Abby Seaborne

Scott Foresman
is an imprint of

Glenview, Illinois • Boston, Massachusetts • Chandler, Arizona
Upper Saddle River, New Jersey

Every effort has been made to secure permission and provide appropriate credit for photographic material. The publisher deeply regrets any omission and pledges to correct errors called to its attention in subsequent editions.

Unless otherwise acknowledged, all photographs are the property of Pearson.

Photo locations denoted as follows: Top (T), Center (C), Bottom (B), Left (L), Right (R), Background (Bkgd)

Opener: ©Craig Aurness/Corbis; 1 (C) ©Ralph A. Clevenger/Corbis; 3 ©Craig Aurness/Corbis; 4 (BL) ©W. Perry Conway/Corbis, (TR) ©Ralph A. Clevenger/Corbis; 5 (Bkgd) ©Steve Kaufman/Corbis; 6 (TR) ©George D. Lepp/Corbis, (BL) ©Buddy Mays/Corbis; 7 ©Charles Krebs/Corbis; 8 ©Craig Aurness/Corbis.

ISBN 13: 978-0-328-53392-3
ISBN 10:   0-328-53392-0

Copyright © by Pearson Education, Inc., or its affiliates. All rights reserved. Printed in the United States of America. This publication is protected by copyright, and permission should be obtained from the publisher prior to any prohibited reproduction, storage in a retrieval system, or transmission in any form or by any means, electronic, mechanical, photocopying, recording, or likewise. For information regarding permissions, write to Pearson Curriculum Rights & Permissions, One Lake Street, Upper Saddle River, New Jersey 07458.

Pearson® is a trademark, in the U.S. and/or other countries, of Pearson plc or its affiliates.

Scott Foresman® is a trademark, in the U.S. and/or other countries, of Pearson Education, Inc., or its affiliates.

2 3 4 5 6 7 8 9 10 V0N4 13 12 11 10

El desierto de Mojave

¿Cómo es el desierto?
Es muy seco y tiene arena. De día hace mucho calor en el desierto. Al atardecer la arena se ve color naranja.

búho

¿Qué animales puedes ver en el desierto?
Puedes ver un pájaro o un búho volar. Los búhos tienen buena vista para cazar.

marmota

serpiente de cascabel

A veces ves marmotas que cavan hoyos. Otras, oyes el sonido de una serpiente de cascabel que agita la cola.

Por la mañana puedes ver un lagarto sobre una rama. Por la noche se oyen a los coyotes aullar.

¿Qué plantas hay en el desierto?

Allí crecen árboles con hojas y flores de dulce olor. Pero es muy difícil ver una abeja.

También hay muchos cactus. Los cactus guardan agua. Eso los ayuda a sobrevivir en el desierto.

La Gran Cuenca

En el desierto llueve poco. Puede ser muy caluroso y seco. No hay sombra.

En nuestro país hay grandes desiertos en Texas y otros estados del sur y oeste.